BACKIDEEN zum VERLIEBEN

Impressum

Bildnachweis:

Rita Newman: Cover und alle Fotos von Lisl Wagner-Bacher
Inge Prader: Seite 101
Kai Schwabe Fotografie, Bremen: alle restlichen Rezeptfotos inkl. Umschlagrückseite

PHILADELHIA® ist eine Marke der Mondelēz International Unternehmensgruppe und wird in Lizenz genutzt.

Impressum:

ISBN: 978-3-7088-0596-2

Copyright: Kneipp-Verlag GmbH & Co KG, A-1010 Wien, Lobkowitzplatz 1
www.kneippverlag.com, www.facebook.com/KneippVerlagWien
Projektleitung: Birte Grimm, Margarete Grocholski (Mondelēz International),
Eva Manhardt (Verlag)
Korrektorat: Franz Ebner
Covergestaltung und Layout: Oskar Kubinecz
Druck und Bindung: Theiss GmbH, A-9431 St. Stefan

1. Auflage, September 2013

BACKIDEEN
zum
VERLIEBEN
von Hobbybäckern und
Lisl Wagner-Bacher

kneipp verlag
WIEN

Inhalt

PHILADELPHIA-TORTEN

Hinweis: Wenn nicht anders angegeben, werden alle Torten in einer Springform mit 26 cm Durchmesser zubereitet.

BACKIDEEN ZUM VERLIEBEN
Vorwort von Lisl Wagner-Bacher

Liebe Backbegeisterte,

ich freue mich, dass Sie dieses Backbuch in Händen halten. Kreative und fantasievolle Backideen von Hobbybäckern, dem PHILADELPHIA-Team und von mir werden in diesem Buch präsentiert und zeigen, wie vielfältig Rezepte mit PHILADELPHIA sein können und dass sie ideal zu jeder süßen Gelegenheit passen. Kurz: Backideen zum Verlieben!

Nach dem großen Erfolg des PHILADELPHIA-Kochbuchs „Rezepte zum Verlieben" beweist dieses Backbuch, dass sich Österreichs beliebteste Frischkäsezubereitung ebenso hervorragend als Zutat für Torten, zum Backen und zur Zubereitung von Desserts eignet. Als langjährige kulinarische Botschafterin für PHILADELPHIA habe ich natürlich auch fleißig mit verschiedenen Tortenrezepten experimentiert. Meine persönlichen Highlights sind die PHILADELPHIA-Torte Marille-Mandel, die PHILADELPHIA-Torte Wiener Melange und der Gugelhupf. Denn auch Klassikern wird mit PHILADELPHIA das gewisse cremige Etwas verliehen, wobei dem Variantenreichtum keine Grenzen gesetzt sind. Das spiegelt sich auch in den vielen unterschiedlichen Rezepten dieses Buches wider – verführerische Torten und Kuchen, gebacken ebenso wie gekühlt. Sowohl Hobbybäckern als auch geübten Backbegeisterten, die sich an neuen Rezepten wie den süßen Grießknödeln, Cupcakes, einem süßen Strudel oder Torten versuchen möchten, bietet dieses Backbuch neue Ideen.

Ich freue mich besonders, dass meine Rezepte zusammen mit jenen der kreativsten Hobbybäcker Österreichs in diesem Backbuch veröffentlicht werden. Es ist toll, wie viel Potenzial in Österreichs Küchen schlummert, und ich hoffe, unsere Backideen inspirieren und motivieren auch Sie.

Ich wünsche Ihnen viel Spaß beim Nachbacken und natürlich gutes Gelingen!

Ihre
Lisl Wagner-Bacher

7

PHILADELPHIA-TORTEN

PHILADELPHIA-TORTE MARILLE-MANDEL

 **von Lisl Wagner-Bacher**

Zubereitung: 45 Min.
Kühlen: 3 Std.

Zutaten für 16 Stück:

150 g Biskotten
125 g Butter
2 EL Mandeln (gemahlen)
100 g Marillenmarmelade
300 g Marillen (frisch oder
Konserve, abgetropft)
525 g PHILADELPHIA Natur
Doppelrahmstufe (3 Pkg. à 175 g)
300 g Joghurt
3 EL Zitronensaft
6 Blatt Gelatine
85 g Zucker
50 g Mandeln (gehobelt)

Mein Tipp:
Reiben Sie etwas Marzipan
unter die gerösteten Man-
deln. Für die Gelatine kann
man statt Wasser auch 150 ml
Marillensaft (Dosenmarillen)
verwenden.

Zubereitung:

1. Biskotten in einen großen Gefrierbeutel füllen, diesen verschließen und den Inhalt mit einem Nudelholz oder den Händen vollständig zerbröseln. Butter in einem kleinen Topf schmelzen, mit den Bröseln und den gemahlenen Mandeln vermischen und anschließend mit einem Löffel in eine mit Backpapier ausgelegte Springform drücken. Den Boden behutsam mit Marillenmarmelade bestreichen.

2. Frische Marillen putzen, entkernen und bis auf zwei Stück in Spalten schneiden. PHILADELPHIA, Joghurt und Zitronensaft mit dem elektrischen Handmixer vermengen.

3. Gelatineblätter in 150 ml kaltem Wasser 10 Minuten einweichen. 75 g Zucker hinzufügen und alles unter Rühren erwärmen, bis sich die Gelatine und der Zucker gelöst haben. Anschließend mit dem elektrischen Handmixer zügig in die PHILADELPHIA-Creme einrühren.

4. Ein Drittel der Creme auf den Bröselboden in die Springform füllen. Geschnittene Marillen im Kreis auflegen. Restliche Creme einfüllen und die Torte mindestens 3 Stunden kühlen.

5. Vor dem Servieren den Backofen auf 150 °C (Umluft) vorheizen. Die gehobelten Mandeln mit 1 EL Zucker mischen, auf einem mit Backpapier belegten Backblech verteilen und 5 bis 10 Minuten goldbraun rösten. Abkühlen lassen und auf die Torte streuen. Marillen in Spalten schneiden und auf die Torte legen.

10

Pro Stück: ca. 1084 kJ / 259 kcal, E 5 g, F 18 g, KH 21 g

PHILADELPHIA-TORTE ERDBEERE-SCHOKO

 **von Pinar Arslan, 1120 Wien**

Zubereitung: 35 Min.
Kühlen: 3 Std.

Zutaten für 16 Stück:

150 g Biskotten
125 g Butter
350 g PHILADELPHIA Natur
Doppelrahmstufe (2 Pkg. à 175 g)
175 g PHILADELPHIA MILKA Haselnuss Geschmack (1 Pkg.)
300 g Joghurt
1 Pkg. Vanillezucker
300 g Erdbeeren
6 Blatt Gelatine
50 g Zucker
2 EL Schokoladensauce

Mein Tipp:
Statt Gelatine kann man
1 gehäuften TL (5 g) Agar-Agar
(Reformhaus) oder 1 Beutel
Agartine (Fa. Ruf) verwenden.
Pulver mit 150 ml Wasser und
50 g Zucker in einem Topf
zum Kochen bringen und
2 Minuten unter Rühren aufkochen. 2 bis 3 Minuten
abkühlen lassen und unter die
PHILADELPHIA-Creme rühren.

Zubereitung:

1. Biskotten in einen Gefrierbeutel füllen, diesen verschließen und den Inhalt mit einem Nudelholz oder den Händen vollständig zerbröseln. Butter schmelzen, mit den Bröseln vermischen und alles in eine mit Backpapier ausgelegte Springform drücken.

2. Beide PHILADELPHIA-Sorten, Joghurt und Vanillezucker mit dem elektrischen Handmixer vermengen. Erdbeeren putzen und vierteln.

3. Gelatineblätter in 150 ml kaltem Wasser 10 Minuten einweichen. Zucker hinzufügen und alles unter Rühren erwärmen, bis sich die Gelatine und der Zucker gelöst haben. Zügig unter die PHILADELPHIA-Creme rühren.

4. Ein Drittel der Creme in die Springform füllen. Die Hälfte der Erdbeeren gleichmäßig auf der Creme verteilen. Übrige Creme in die Springform füllen und die Torte mindestens 3 Stunden kühlen. Nach 1 Stunde Kühlzeit mit den restlichen Erdbeeren belegen. Vor dem Servieren mit Schokoladensauce dekorieren.

Pro Stück: ca. 912 kJ / 218 kcal, E 4 g, F 14 g, KH 19 g

PHILADELPHIA-TORTE HOLUNDER-ORANGE

 **von Anja Weichselbraun, 2333 Leopoldsdorf, Niederösterreich**

Zubereitung: 35 Min.
Kühlen: 3 Std.

Zutaten für 16 Stück:

525 g PHILADELPHIA Natur
Balance (3 Pkg. à 175 g)
300 g Joghurt
3 EL Limettensaft
150 ml Holunderblütensirup
6 Blatt Gelatine
150 ml Orangensaft
50 g Zucker
1 Wiener Boden
(2 Teilböden, Fertigkuchenregal)
1 Pkg. Tortengelee (klar)
1 Bund Minze

Zubereitung:

1. PHILADELPHIA, Joghurt, Limettensaft und 50 ml Holunder-blütensirup mit dem elektrischen Handmixer vermengen.

2. Gelatineblätter in 150 ml Orangensaft 10 Minuten einweichen. Zucker hinzufügen und alles unter Rühren erwärmen, bis sich die Gelatine und der Zucker gelöst haben. Zügig unter die PHILADELPHIA-Creme rühren.

3. Einen der Wiener Böden in eine Springform legen. Die Hälfte der PHILADELPHIA-Creme darauf geben. Mit dem zweiten Boden belegen und die restliche Creme daraufstreichen. Die Torte 2 Stunden kühlen.

4. Tortengelee mit 100 ml Holunderblütensirup und 150 ml Wasser glatt rühren. Unter Rühren zum Kochen bringen und kurz aufkochen. Etwas abkühlen lassen, bis der Guss noch gieß- bzw. streichfähig, aber nicht mehr zu heiß ist. Auf der Torte verteilen und diese eine weitere Stunde kühlen. Vor dem Servieren mit Minzblättern verzieren.

Pro Stück: ca. 703 kJ / 168 kcal, E 6 g, F 6 g, KH 22 g

PHILADELPHIA-TORTE BERRYLICIOUS

 **von Elisabeth Zeiner, 2000 Stockerau, Niederösterreich**

Zubereitung: 30 Min.
Kühlen: 3 Std.

Zutaten für 16 Stück:

150 g Vollkornbiskotten
oder Vollkornkekse
125 g Butter
525 g PHILADELPHIA Natur
Balance (3 Pkg. à 175 g)
300 g Joghurt
3 EL Zitronensaft
75 g Erdbeeren
75 g Himbeeren
6 Blatt Gelatine
75 g Zucker
40 g Zartbitterschokolade

Zubereitung:

1. Kekse in einen Gefrierbeutel füllen, diesen verschließen und den Inhalt mit einem Nudelholz oder den Händen vollständig zerbröseln. Butter schmelzen, mit den Bröseln vermischen und alles in eine mit Backpapier ausgelegte Springform drücken.

2. PHILADELPHIA, Joghurt und Zitronensaft mit dem elektrischen Handmixer vermengen. Erdbeeren und Himbeeren putzen und fein pürieren.

3. Gelatineblätter in kaltem Wasser 10 Minuten einweichen. Nur leicht ausdrücken und mit Fruchtpüree und Zucker unter Rühren erwärmen, bis sich die Gelatine und der Zucker gelöst haben. Zügig unter die PHILADELPHIA-Creme rühren. Creme in die Springform füllen und die Torte mindestens 3 Stunden kühlen. Vor dem Servieren Schokolade raspeln und auf der Torte verteilen.

Pro Stück: ca. 833 kJ / 199 kcal, E 5 g, F 13 g, KH 15 g

PHILADELPHIA-TORTE MALAKOFF

 **von Lisl Wagner-Bacher**

Zubereitung: 45 Min.
Kühlen: 3 Std.

Zutaten für 12 Stück:

200 ml Milch
4 EL Rum
2 EL Zucker
200 g Biskotten
350 g PHILADELPHIA MILKA Haselnuss Geschmack (2 Pkg. à 175 g)
6 Blatt Gelatine
400 g Schlagobers
25 g Alpenmilchschokolade

Zubereitung:

1. Milch mit 2 EL Rum und 2 EL Zucker mischen. Biskotten einzeln mit einer Seite in die Milchmischung tauchen und umgedreht dicht an dicht in eine mit Backpapier ausgelegte Springform (Ø ca. 24 cm) legen.

2. PHILADELPHIA MILKA und 2 EL Rum mit dem elektrischen Handmixer glatt rühren. Gelatineblätter in kaltem Wasser 10 Minuten einweichen. Ausdrücken und in 50 g Obers unter Rühren erwärmen, bis sich die Gelatine gelöst hat. Anschließend die gelöste Gelatine mit dem elektrischen Handmixer zügig in die PHILADELPHIA-Creme einrühren. Restliches Obers steif schlagen und mit einem Schneebesen unterheben.

3. Die Hälfte der PHILADELPHIA-Creme auf den Biskottenboden geben und glatt streichen. Restliche Biskotten ebenfalls in die Milchmischung tauchen und gekreuzt zum Biskottenboden auf die PHILADELPHIA-Creme legen. Restliche Creme darübergeben, glatt streichen und die Torte für mindestens 3 Stunden kühlen.

4. Vor dem Servieren die Schokolade mit dem Sparschäler in Späne hobeln und die Torte mit zerbröselten Biskotten und Schokospänen dekorieren. Nach Belieben zusätzlich einige Biskotten für die Deko schräg halbieren und zur Hälfte in flüssiger Schokolade glasieren.

PHILADELPHIA-TORTE MANDARINE

von Helena Guggenberger, 9653 Liesing, Kärnten

Zubereitung: 40 Min.
Kühlen: 3 Std.

Zutaten für 16 Stück:

1 Wiener Boden
(Fertigkuchenregal)
525 g PHILADELPHIA Natur
Doppelrahmstufe (3 Pkg. à 175 g)
300 g Joghurt
1 Dose Mandarinen
(ca. 312 g, abgetropft ca. 175 g)
6 Blatt Gelatine
95 g Zucker
1 Pkg. Vanille-Puddingpulver
400 ml Multivitaminsaft

Zubereitung:

1. Wiener Boden in eine Springform legen. PHILADELPHIA und Joghurt mit dem elektrischen Handmixer vermengen. Mandarinen abtropfen lassen, Saft auffangen.

2. Mandarinensaft mit Wasser auf 150 ml auffüllen. Gelatineblätter 10 Minuten darin einweichen. 75 g Zucker hinzufügen und alles unter Rühren erwärmen, bis sich die Gelatine und der Zucker gelöst haben. Zügig unter die PHILADELPHIA-Creme rühren. Mandarinen unterheben. Creme in die Springform füllen und die Torte zunächst 2 Stunden kühlen.

3. Puddingpulver mit 2 EL Zucker mischen und mit dem Schneebesen mit 6 EL Multivitaminsaft glatt rühren. Restlichen Saft aufkochen. Vom Herd nehmen und das Puddingpulver mit dem Schneebesen einrühren. Weiterrühren, bis die Puddingcreme andickt, evtl. dafür wieder auf den Herd stellen und unter Rühren 1 bis 2 Minuten kochen. Creme 2 bis 3 Minuten abkühlen lassen. Auf die PHILADELPHIA-Creme geben und die Torte 1 Stunde kühlen.

Pro Stück: ca. 791 kJ / 189 kcal, E 4 g, F 9 g, KH 22 g

PHILADELPHIA-TORTE ERDBEER-MOHN-SCHMETTERLING

 **von Daniela Berghofer, 1100 Wien**

Zubereitung: 1 Std.
Backen: 40 Min.
Kühlen: 3 Std.

Zutaten für 16 Stück:

50 g Alpenmilchschokolade
1 unbehandelte Zitrone
140 g Butter (weich)
250 g Staubzucker
6 Eier
1 Pkg. Mohnfülle
(backfertig, 250 g)
1 Prise Salz
600 g Erdbeeren
12 Blatt Gelatine
525 g PHILADELPHIA Natur
Balance (3 Pkg. à 175 g)
2 Pkg. Vanillezucker
150 g Schlagobers

Zubereitung:

1. Backofen auf 160 °C (Umluft) vorheizen. Schokolade fein raspeln. Von der Zitrone die Schale fein abreiben, 1 EL Saft auspressen. Butter und 100 g Staubzucker mit dem elektrischen Handmixer zu einer glatten Masse aufschlagen. Eier trennen. Eidotter nacheinander unter die Masse schlagen. Zitronensaft und Abrieb, Mohnfülle und geraspelte Schokolade unterrühren.

2. Eiklar mit 1 Prise Salz steif schlagen. Mit dem Schneebesen portionsweise behutsam unter die Masse heben. Teig in eine mit Backpapier ausgelegte oder gefettete und bemehlte Springform füllen und ca. 40 Minuten im vorgeheizten Ofen backen. Auskühlen lassen.

3. Inzwischen Erdbeeren putzen und mit 150 g Staubzucker fein pürieren. 300 g Püree beiseitestellen. PHILADELPHIA und Vanillezucker mit dem elektrischen Handmixer glatt rühren.

4. 8 Blatt Gelatine in kaltem Wasser 10 Minuten einweichen. Ausdrücken und im restlichen Erdbeerpüree unter Rühren leicht erwärmen, bis sich die Gelatine gelöst hat. Zügig unter die PHILADELPHIA-Creme rühren. Schlagobers steif schlagen und unterheben. Auf den Mohnboden in die Form geben. Zunächst 1 Stunde kühlen.

5. Nach 1 Stunde Kühlzeit 4 Blatt Gelatine in kaltem Wasser 10 Minuten einweichen. Ausdrücken und in den 300 g Erdbeerpüree unter Rühren leicht erwärmen, bis sich die Gelatine gelöst hat. Abkühlen lassen, auf die Torte geben und mindestens 2 Stunden kühlen.

6. Torte aus der Form lösen und halbieren. Vorsichtig auf die Servierplatte setzen und nach Belieben mit Erdbeeren, geraspelter Schokolade und Schokoladensticks zu einem Schmetterling dekorieren.

22

Pro Stück: ca. 1326 kJ / 317 kcal, E 8 g, F 19 g, KH 29 g

PHILADELPHIA-TORTE À LA TIRAMISU

Zubereitung: 30 Min.
Kühlen: 3 Std.

Zutaten für 16 Stück:

200 g Biskotten
500 ml kalter Kaffee
100 g Alpenmilchschokolade
525 g PHILADELPHIA Natur
Doppelrahmstufe (3 Pkg. à 175 g)
300 g Joghurt
3 EL Zitronensaft
6 Blatt Gelatine
75 g Zucker
3 EL Backkakao

Zubereitung:

1. Einen Tortenring auf eine Tortenplatte stellen. Biskotten kurz in den erkalteten Kaffee eintauchen, den Boden eng damit auslegen.

2. Schokolade raspeln und die Hälfte der Raspel gleichmäßig auf dem Tortenboden verteilen.

3. PHILADELPHIA, Joghurt und Zitronensaft mit dem elektrischen Handmixer vermengen.

4. Gelatine in 150 ml kaltem Wasser 10 Minuten einweichen. Zucker hinzufügen und alles unter gelegentlichem Rühren erwärmen, bis sich die Gelatine gelöst hat. Zügig unter die PHILADELPHIA-Creme rühren.

5. Creme in den Tortenring füllen. Torte für mindestens 3 Stunden kühlen. Vor dem Servieren den Tortenring vorsichtig entfernen; die Torte mit Backkakao bestäuben und mit den übrigen Schokoraspeln verziert servieren.

Pro Stück: ca. 887 kJ / 212 kcal, E 4 g, F 11 g, KH 23 g

PHILADELPHIA-TORTE WIENER MELANGE

 **von Lisl Wagner-Bacher**

Zubereitung: 30 Min.
Kühlen: 3 Std.

Zutaten für 16 Stück:

6 TL Löskaffee
100 g Zucker
1 Wiener Boden
(Fertigkuchenregal)
525 g PHILADELPHIA Natur
Doppelrahmstufe (3 Pkg. à 175 g)
300 g Joghurt
6 Blatt Gelatine
1 EL Rohrzucker

Zubereitung:

1. 4 TL Löskaffee mit 25 g Zucker in 100 ml heißem Wasser auflösen, etwas abkühlen lassen. Inzwischen einen der Wiener Böden in eine passende Springform legen. Biskuitboden mit 3 EL Kaffee beträufeln.

2. PHILADELPHIA und Joghurt mit dem elektrischen Handmixer vermengen.

3. Gelatineblätter in 100 ml kaltem Wasser 10 Minuten einweichen. 75 g Zucker hinzufügen und alles unter Rühren erwärmen, bis sich die Gelatine und der Zucker gelöst haben. Anschließend die gelöste Gelatine mit dem elektrischen Handmixer zügig in die PHILADELPHIA-Creme einrühren. Etwa ein Viertel der Creme wegnehmen, unter die restliche Creme den verbliebenen Kaffee rühren.

4. Kaffeecreme in die Springform füllen. Weiße Creme darübergeben und die Torte mindestens 3 Stunden kühlen. Vor dem Servieren Rohrzucker mit 2 TL Löskaffee-Granulat mischen und auf die Torte streuen.

26

Pro Stück: ca. 686 kJ / 164 kcal, E 4 g, F 9 g, KH 17 g

PHILADELPHIA-TORTE PFIRSICH-MANGO

 **von Eva Maria Deisl, 8071 Vasoldsberg, Steiermark**

Zubereitung: 55 Min.
Kühlen: 5 Std. 30 Min.

Zutaten für 16 Stück:

1 unbehandelte Zitrone
200 g Pfirsiche
(frisch oder Konserve)
200 g Mangos
(frisch oder Konserve)
10 Blatt Gelatine
1 Wiener Boden
(3 Teilböden, Fertigkuchenregal)
525 g PHILADELPHIA Natur
Doppelrahmstufe (3 Pkg. à 175 g)
1 Pkg. Vanillezucker
80 g Staubzucker
650 g Schlagobers
1 Pkg. Sahnesteif
25 g Mandeln (gehackt)
25 g Pistazien (gehackt)

28

Mein Tipp:
Wie verziert man den Tortenrand? Tortenspatel oder breites Messer unten waagerecht an die Torte halten, Streugut daraufgeben und an den Tortenrand „klappen". Oder eine halbe Zitrone ins Streugut tauchen und dieses dann an den Tortenrand „stempeln".

Zubereitung:

1. Von der Zitrone die Schale fein abreiben, beiseitestellen und 1 bis 2 EL Saft auspressen. Früchte fein pürieren, Zitronensaft untermischen. 4 Blatt Gelatine 10 Minuten in kaltem Wasser einweichen. Ausdrücken und mit dem Fruchtpüree unter Rühren erwärmen, bis sich die Gelatine gelöst hat. Ca. 30 Minuten auskühlen lassen.

2. Einen Biskuitboden auf eine Platte legen und einen Tortenring rundherum platzieren. Mit etwas mehr als der Hälfte des Fruchtgelees bestreichen, restliches Püree kalt stellen. Zweiten Biskuitboden auflegen.

3. PHILADELPHIA, Zitronenabrieb, Vanillezucker und Staubzucker mit dem elektrischen Handmixer vermengen. 6 Blatt Gelatine 10 Minuten in 150 ml kaltem Wasser einweichen. Unter Rühren erwärmen, bis sich die Gelatine gelöst hat. Zügig unter die PHILADELPHIA-Creme rühren. 500 g Schlagobers halbsteif schlagen und unterheben.

4. Die Hälfte der PHILADELPHIA-Creme auf dem zweiten Biskuitboden glatt streichen. Den dritten Boden auflegen und die restliche Creme daraufstreichen. Mit dem Löffelrücken kleine Mulden in die Masse drücken. Mindestens 5 Stunden, am besten über Nacht kühlen.

5. 150 g Schlagobers mit Sahnesteif steif schlagen. Torte mit einem Messer vom Tortenrand lösen. Rand entfernen und die Torte rundherum mit dem Obers einstreichen. Mit der Nuss-Kern-Mischung verzieren. Restliches Fruchtgelee glatt rühren, dafür evtl. wieder leicht erwärmen. In Tupfen auf die Torte dekorieren.

Pro Stück: ca. 1590 kJ / 380 kcal, E 7 g, F 24 g, KH 34 g

PHILADELPHIA-TORTE MIT SCHOKO-ERDBEEREN

 **von Sabine Mayr, 6330 Kufstein, Tirol**

Zubereitung: 45 Min.
Kühlen: 3 Std.

Zutaten für 16 Stück:

150 g Biskotten
125 g Butter
525 g PHILADELPHIA MILKA Haselnuss Geschmack (3 Pkg. à 175 g)
300 g Joghurt
6 Blatt Gelatine
75 g Zucker
250 g Erdbeeren
100 g Zartbitterschokolade
100 g Schlagobers (frisch aufgeschlagen oder aus der Sprühdose)

Zubereitung:

1. Biskotten in einen Gefrierbeutel füllen, diesen verschließen und den Inhalt mit einem Nudelholz oder den Händen vollständig zerbröseln. Butter schmelzen, mit den Bröseln vermischen und alles in eine mit Backpapier ausgelegte Springform drücken.

2. PHILADELPHIA MILKA und Joghurt mit dem elektrischen Handmixer vermengen.

3. Gelatineblätter in 150 ml kaltem Wasser 10 Minuten einweichen. Zucker hinzufügen und alles unter Rühren erwärmen, bis sich die Gelatine und der Zucker gelöst haben. Zügig unter die PHILADELPHIA-Creme rühren. Creme in die Springform füllen und die Torte 3 Stunden kühlen.

4. Vor dem Servieren Erdbeeren putzen und halbieren. Schokolade in der Mikrowelle bei kleiner Leistung oder im Topf bei kleiner Hitze schmelzen. Die Erdbeeren zur Hälfte in die Schokolade tunken und im Kühlschrank ca. 20 Minuten aushärten lassen. Die Torte mit kleinen Sahnetuffs und Schoko-Erdbeeren dekorieren. Die restlichen Erdbeeren dazu naschen.

Pro Stück: ca. 1197 kJ / 286 kcal, E 5 g, F 16 g, KH 30 g

PHILADELPHIA-TORTE BANANE-HASELNUSS

 **von Petra Mayr, 4722 Bruck-Waasen, Oberösterreich**

Zubereitung: 20 Min.
Gefrieren: 1 Std.

Zutaten für 16 Stück:

1 Wiener Boden
(Fertigkuchenregal)
350 g PHILADELPHIA MILKA Haselnuss Geschmack (2 Pkg. à 175 g)
350 g PHILADELPHIA Joghurt
Balance (2 Pkg. à 175 g)
50 g Zucker
400 g Schlagobers
2 Pkg. Sahnesteif
2 Bananen
25 g Haselnüsse (gehackt)

Zubereitung:

1. Wiener Boden in eine passende Springform legen.
PHILADELPHIA MILKA und PHILADELPHIA Joghurt Balance
getrennt glatt rühren, unter PHILADELPHIA Joghurt Balance
den Zucker rühren. Schlagobers steif schlagen, Sahnesteif
dabei einrieseln lassen. Jeweils die Hälfte der Sahne mit dem
Schneebesen portionsweise unter die PHILADELPHIA-Cremen
heben.

2. Bananen in Scheiben schneiden und auf den Tortenboden
legen. Zuerst die weiße PHILADELPHIA-Creme, anschließend
die schokoladige daraufgeben. Die Torte 1 Stunde gefrieren.

3. Vor dem Servieren mit gehackten Haselnüssen bestreuen
und nach Belieben mit einigen Bananenscheiben und
Schokoblumen dekorieren.

Mein Tipp:
Diese Torte ist ohne Gelatine.
Damit sie trotzdem ausreichend
schnittfest und standsicher ist,
kommt sie ins Gefrierfach.
1 Stunde reicht, auch 2 Stunden
sind kein Problem. Die Torte ist
dann nicht gefroren, sondern
köstlich cremig und lässt sich gut
schneiden.

Pro Stück: ca. 1050 kJ / 251 kcal, E 5 g, F 15 g, KH 24 g

PHILADELPHIA-TORTE HEIDELBEER-SYMPHONIE

Zubereitung: 30 Min.
Kühlen: 3 Std.

Zutaten für 16 Stück:

150 g Biskotten
125 g Butter
525 g PHILADELPHIA Natur
Doppelrahmstufe (3 Pkg. à 175 g)
300 g Joghurt
3 EL Zitronensaft
300 g Heidelbeeren
6 Blatt Gelatine
75 g Zucker

Zubereitung:

1. Biskotten in einen Gefrierbeutel füllen, Beutel verschließen und den Inhalt mit einem Nudelholz oder den Händen vollständig zerbröseln.

2. Butter schmelzen, mit den Bröseln vermischen und in eine mit Backpapier ausgelegte Springform drücken.

3. PHILADELPHIA, Joghurt und Zitronensaft mit einem elektrischen Handmixer vermengen. Heidelbeeren in der Creme zerschlagen.

4. Gelatine in 150 ml kaltem Wasser 10 Minuten einweichen. Zucker hinzufügen und alles unter gelegentlichem Rühren erwärmen, bis sich die Gelatine gelöst hat. Zügig unter die PHILADELPHIA-Creme rühren.

5. Creme in die Springform füllen. Die Torte für mindestens 3 Stunden kühlen. Nach Belieben mit einigen Früchten dekoriert servieren.

PHILADELPHIA

Unser Tipp:
Wenn Sie den Tortenboden mit 1 Päckchen Sahnesteif bestreuen, bleibt der Boden länger knusprig!

Pro Stück: ca. 925 kJ / 221 kcal, E 4 g, F 16 g, KH 16 g

PHILADELPHIA-HIMBEERTÖRTCHEN

 **von Lisl Wagner-Bacher**

Zubereitung: 35 Min.
Kühlen: 3 Std.

Zutaten für 8 Portionen:

1 Wiener Boden
(Fertigkuchenregal)
8 TL Himbeermarmelade
525 g PHILADELPHIA Natur
Doppelrahmstufe (3 Pkg. à 175 g)
300 g Joghurt
3 EL Zitronensaft
6 Blatt Gelatine
75 g Zucker
600 g Himbeeren

Zubereitung:

1. Mit 8 Tortenringen (Ø ca. 9 cm) je einen Miniboden aus den Wiener Böden ausstechen. Jeweils mit Tortenring auf eine geeignete Platte stellen. Die Böden mit Himbeermarmelade bestreichen.

2. PHILADELPHIA, Joghurt und Zitronensaft mit dem elektrischen Handmixer vermengen.

3. Gelatineblätter in 150 ml kaltem Wasser 10 Minuten einweichen. 75 g Zucker hinzufügen und alles unter Rühren erwärmen, bis sich die Gelatine und der Zucker gelöst haben. Anschließend die gelöste Gelatine mit dem elektrischen Handmixer zügig in die PHILADELPHIA-Creme einrühren. Creme in die Tortenringe füllen.

4. 400 g Himbeeren auf die Creme in die Tortenringe setzen und die Törtchen 3 Stunden kühlen. (Ist die Creme zu flüssig, die Himbeeren erst nach 1 Stunde Kühlzeit auflegen.) Vor dem Servieren die Törtchen vorsichtig aus den Tortenringen lösen. Restliche 200 g Himbeeren pürieren und nach Belieben durch ein Sieb passieren. Himbeermark auf die Törtchen verteilen. Törtchen halbieren und genießen.

Mein Tipp:
Natürlich können Sie statt 8 Minitorten mit den gleichen Zutaten auch eine große PHILADELPHIA-Torte in der Springform zubereiten.

Pro Stück: ca. 862 kJ / 206 kcal, E 5 g, F 10 g, KH 24 g

PHILADELPHIA-TORTE AMARETTINI

 **von Andrea Sigmund, 3131 Walpersdorf, Niederösterreich**

Zubereitung: 40 Min.
Kühlen: 3 Std.

Zutaten für 16 Stück:

50 g Mandeln (gemahlen)
150 g Kakao-Butterkekse
100 g Butter
1 TL Orangenschale
(fein abgerieben)
50 g Amarettini-Kekse
50 g Zartbitterschokolade
200 g Schlagobers
350 g PHILADELPHIA MILKA Haselnuss Geschmack (2 Pkg. à 175 g)
150 g Joghurt
1 Pkg. Vanillezucker
6 Blatt Gelatine
3 EL Amaretto (Mandellikör)

Mein Tipp:
Noch italienischer wird's mit dieser Deko: 50 g Zartbitterschokolade schmelzen und auf Backpapier
oder Alufolie streichen. Mit einigen zerbröselten Amarettini und
2 grob zerbröselten Kakao-Butter-
keksen bestreuen; ca. 30 Minuten
kühlen, in Stücke brechen und
auf der Torte verteilen.

Zubereitung:

1. Mandeln ohne Fett in einer Pfanne rösten. Butterkekse in einen Gefrierbeutel füllen, diesen verschließen und den Inhalt mit einem Nudelholz oder den Händen vollständig zerbröseln. Butter schmelzen, mit Bröseln, Mandeln und Orangenschale vermischen und alles in eine mit Backpapier ausgelegte Spring-form drücken.

2. Amarettini-Kekse grob zerbröseln. Schokolade in kleine Stückchen hacken. Schlagobers steif schlagen. PHILADELPHIA MILKA, Joghurt und Vanillezucker mit dem elektrischen Handmixer vermengen.

3. Gelatineblätter in kaltem Wasser 10 Minuten einweichen. Ausdrücken und bei kleiner Hitze unter Rühren im Amaretto erwärmen, bis sich die Gelatine gelöst hat. Zügig unter die PHILADELPHIA-Creme rühren. Schlagobers unterheben. Amarettini-Kekse und Schokolade untermischen. Creme in die Springform füllen und die Torte mindestens 3 Stunden kühlen.

Pro Stück: ca. 1084 kJ / 259 kcal, E 4 g, F 17 g, KH 22 g

PHILADELPHIA-TORTE FRUCHTIGER GENUSS

 **von Christina Zwinger, 1100 Wien**

Zubereitung: 30 Min.
Kühlen: 2 Std.

Zutaten für 16 Stück:

1 Wiener Boden (am besten
dunkel, Fertigkuchenregal)
350 g PHILADELPHIA Natur
Doppelrahmstufe (2 Pkg. à 175 g)
125 g Zucker
1 Pkg. Vanillezucker
2 EL Zitronensaft
250 g Schlagobers
250 g Beerenmischung
(frisch oder tiefgekühlt, aufgetaut)
6 Blatt Gelatine

Zubereitung:

1. Wiener Boden in eine Springform legen.

2. PHILADELPHIA mit 75 g Zucker, Vanillezucker und Zitronensaft mit dem elektrischen Handmixer glatt rühren.

3. Schlagobers steif schlagen und vorsichtig unterheben. Creme in die Springform füllen, glatt streichen und die Torte bis zur weiteren Verwendung kühlen.

4. Beerenmischung fein pürieren, nach Belieben durch ein Sieb streichen. Mit 50 g Zucker verrühren. Gelatineblätter in kaltem Wasser 10 Minuten einweichen. Ausdrücken und bei kleiner Hitze im Beerenpüree unter Rühren erwärmen, bis sich die Gelatine gelöst hat. Vorsichtig auf der Torte verteilen und diese mindestens 2 Stunden kühlen. Nach Belieben mit frischen Beeren oder mit gehobelter Schokolade dekorieren.

Pro Stück: ca. 745 kJ / 178 kcal, E 3 g, F 11 g, KH 17 g

HERZHAFTE PHILADELPHIA-TORTE

Zubereitung: 35 Min.
Kühlen: 3 Std.

Zutaten für 16 Stück:

150 g Cracker (oder anderes
herzhaftes Gebäck)
125 g Butter
525 g PHILADELPHIA Kräuter
Balance (3 Pkg. à 175 g)
150 g Joghurt
1 Bund Radieschen (ca. 150 g)
6 Blatt Gelatine
75 g Schinkenwürfel (mager)
1 Kistchen Kresse

Zubereitung:

1. Cracker in einen Gefrierbeutel füllen, Beutel verschließen und den Inhalt mit einem Nudelholz oder den Händen vollständig zerbröseln. Butter schmelzen, mit den Bröseln vermischen und in eine mit Backpapier ausgelegte Springform drücken.

2. PHILADELPHIA und Joghurt mit dem elektrischen Handmixer vermengen. Radieschen putzen und in Würfel schneiden, 150 g werden benötigt.

3. Gelatine in 150 ml kaltem Wasser 10 Minuten quellen lassen. Unter Rühren erwärmen, bis sich die Gelatine gelöst hat. Zügig unter die PHILADELPHIA-Creme rühren. Radieschen- und Schinkenwürfel unterrühren, nach Belieben mit etwas Cayennepfeffer würzen. Creme in die Springform füllen und die Torte für mindestens 3 Stunden kühlen. Vor dem Servieren mit Kresse bestreuen.

Pro Stück: ca. 704 kJ / 168 kcal, E 5 g, F 13 g, KH 8 g

PHILADELPHIA-TORTE KIRSCHE-MOHN

Zubereitung: 30 Min.
Kühlen: 3 Std.

Zutaten für 16 Stück:

150 g Biskotten
125 g Butter
1 Glas Weichseln
(abgetropft ca. 350 g)
525 g PHILADELPHIA Natur
Doppelrahmstufe (3 Pkg. à 175 g)
300 g Joghurt
3 EL Zitronensaft
125 g backfertige Mohnmischung
6 Blatt Gelatine
75 g Zucker

Zubereitung:

1. Biskotten in einen Gefrierbeutel füllen, Beutel verschließen und den Inhalt mit einem Nudelholz oder den Händen vollständig zerbröseln.

2. Butter schmelzen, mit den Bröseln vermischen und in eine mit Backpapier ausgelegte Springform drücken. Weichseln gut abtropfen lassen und auf dem Tortenboden verteilen.

3. PHILADELPHIA, Joghurt, Zitronensaft und die backfertige Mohnmischung mit dem elektrischen Handmixer vermengen.

4. Gelatine in 150 ml kaltem Wasser 10 Minuten einweichen. Zucker hinzufügen und alles unter gelegentlichem Rühren erwärmen, bis sich die Gelatine gelöst hat. Zügig unter die PHILADELPHIA-Creme rühren.

5. Creme in die Springform füllen. Torte für mindestens 3 Stunden kühlen. Nach Belieben mit Weichseln dekorieren.

Pro Stück: ca. 1068 kJ / 255 kcal, E 4 g, F 17 g, KH 22 g

PHILADELPHIA-TORTE SCHOKOZEBRA

 **von Birgit Kaltenbrunner, 3261 Zarnsdorf, Niederösterreich**

Zubereitung: 35 Min.
Kühlen: 3 Std.

Zutaten für 16 Stück:

150 g Vollkornkekse
125 g Butter
525 g PHILADELPHIA Natur
Balance (3 Pkg. à 175 g)
200 g Schlagobers
6 Blatt Gelatine
75 g Zucker
100 g Alpenmilchschokolade
100 g weiße Schokolade

Zubereitung:

1. Vollkornkekse in einen Gefrierbeutel füllen, diesen verschließen und den Inhalt mit einem Nudelholz oder den Händen vollständig zerbröseln. Butter schmelzen, mit den Bröseln vermischen und alles in eine mit Backpapier ausgelegte Springform drücken.

2. PHILADELPHIA mit dem elektrischen Handmixer glatt rühren. Schlagobers steif schlagen.

3. Gelatineblätter in 150 ml kaltem Wasser 10 Minuten einweichen. Zucker hinzufügen und alles unter Rühren erwärmen, bis sich die Gelatine und der Zucker gelöst haben. Zügig unter die PHILADELPHIA-Creme rühren. Schlagobers unterheben. Creme halbieren.

4. Alpenmilchschokolade und weiße Schokolade getrennt in der Mikrowelle bei geringer Leistung oder im Wasserbad schmelzen. Jeweils unter eine Hälfte der PHILADELPHIA-Creme rühren.

5. Creme im Zebramuster in die Springform füllen. Dafür zunächst 1 kleine Schöpfkelle helle Creme in die Mitte der Springform geben. Jeweils direkt darauf 1 kleine Schöpfkelle dunkle Creme geben. Auf diese Weise helle und dunkle Creme immer abwechselnd direkt übereinander einfüllen. Falls die Cremen sich nicht glatt verteilen, Form leicht rütteln. Die Torte 3 Stunden kühlen. Vor dem Servieren nach Belieben, z.B. mit Schokoraspeln und Himbeeren, verzieren.

Pro Stück: ca. 1142 kJ / 273 kcal, E 5 g, F 19 g, KH 20 g

PHILADELPHIA-TORTE BIRNE-SCHOKO

Zubereitung: 30 Min.
Kühlen: 3 Std.

Zutaten für 16 Stück:

150 g Biskotten
125 g Butter
7 EL Backkakao
525 g PHILADELPHIA Natur
Doppelrahmstufe (3 Pkg. à 175 g)
300 g Joghurt
3 EL Zitronensaft
1 Dose Birnen
(abgetropft ca. 250 g)
6 Blatt Gelatine
75 g Zucker

Zubereitung:

1. Biskotten in einen Gefrierbeutel füllen, Beutel verschließen und den Inhalt mit einem Nudelholz oder den Händen vollständig zerbröseln.

2. Butter schmelzen, mit den Bröseln und 5 EL Backkakao vermischen und in eine mit Backpapier ausgelegte Springform drücken.

3. PHILADELPHIA, Joghurt und Zitronensaft mit dem elektrischen Handmixer vermengen. Birnen abtropfen lassen, den Saft auffangen. Eine Birne in Spalten, die übrigen in Stücke schneiden.

4. Gelatine in 150 ml Birnensaft 10 Minuten einweichen. Zucker hinzufügen und alles unter gelegentlichem Rühren erwärmen, bis sich die Gelatine gelöst hat. Zügig unter die PHILADELPHIA-Creme rühren.

5. Ein Viertel der Creme auf den Tortenboden geben, mit Birnenstücken belegen. Die restliche Creme in die Springform füllen. Torte für mindestens 3 Stunden kühlen. Torte mit dem restlichen Backkakao bestäuben und mit Birnenspalten dekorieren.

48

Pro Stück: ca. 1076 kJ / 257 kcal, E 4 g, F 16 g, KH 25 g

PHILADELPHIA-KIRSCHTÖRTCHEN

 **von Katharina Wachauer, 5421 Adnet, Salzburg**

Zubereitung: 40 Min.
Kühlen: 3 Std.

Zutaten für 8 Portionen:

50 g Cornflakes
50 g Vollkornbutterkekse
75 g Butter
1 Glas Weichseln
(abgetropft ca. 680 g)
1 Pkg. Tortengelee (rot)
60 g Zucker
250 g PHILADELPHIA Natur
Balance
150 g Joghurt
3 TL Zitronensaft
3 Blatt Gelatine

Zubereitung:

1. Cornflakes und Kekse in einen Gefrierbeutel füllen, diesen verschließen und den Inhalt mit einem Nudelholz oder den Händen vollständig zerbröseln. Butter schmelzen und mit den Bröseln vermischen. Masse als Böden in 4 Tortenringe (Ø ca. 9 cm) drücken.

2. Weichseln abtropfen lassen, Saft dabei auffangen. Weichseln in die Tortenringe verteilen, sodass der Boden bedeckt ist. Restliche Weichseln für die Dekoration beiseitelegen. Rotes Tortengelee mit 2 EL Zucker mischen und mit 125 ml Weichselsaft und 125 ml Wasser glatt rühren. Unter Rühren zum Kochen bringen, kurz aufkochen. 4 EL Guss für die spätere Dekoration abnehmen, den Rest über die Weichseln gießen.

3. PHILADELPHIA, Joghurt und Zitronensaft mit dem elektrischen Handmixer vermengen.

4. Gelatineblätter in 75 ml kaltem Wasser 10 Minuten einweichen. 40 g Zucker hinzufügen und alles unter Rühren erwärmen, bis sich die Gelatine und der Zucker gelöst haben. Zügig unter die PHILADELPHIA-Creme rühren. In die Tortenringe auf die Weichselmasse füllen und zunächst 1 Stunde kühlen.

5. Restlichen Guss glatt rühren, dafür evtl. erneut leicht erwärmen. Törtchen mit den restlichen Weichseln und dem Guss dekorieren und mindestens 2 Stunden kühlen. Vor dem Servieren die Törtchen vorsichtig aus den Tortenringen lösen. Törtchen halbieren und genießen.

Pro Portion: ca. 1201 kJ / 287 kcal, E 5 g, F 13 g, KH 36 g

PHILADELPHIA-TORTE ZITRORANGE

von Tobias Brust, 1160 Wien

Zubereitung: 35 Min.
Kühlen: 1 Std.

Zutaten für 16 Stück:

2 unbehandelte Zitronen
1 Orange
700 g PHILADELPHIA Natur
Doppelrahmstufe (4 Pkg. à 175 g)
50 g Staubzucker
3 Pkg. Vanillezucker
250 g Schlagobers
1 Wiener Boden
(3 Teilböden, Fertigkuchenregal)
50 g Kokoschips oder
Kokosraspel

Zubereitung:

1. Von einer Zitrone die Schale fein abreiben, beiseitestellen. Aus beiden Zitronen und der Orange den Saft auspressen und mischen.

2. PHILADELPHIA, Staubzucker, Vanillezucker, Zitronenabrieb und 3 EL Zitronen-Orangen-Saft mit dem elektrischen Handmixer glatt rühren. Schlagobers steif schlagen und behutsam unter die PHILADELPHIA-Creme heben. Mit dem restlichen Saft die Biskuitböden beträufeln.

3. Jeweils ein Viertel der PHILADELPHIA-Creme auf den 3 Biskuitböden verteilen. Böden übereinandersetzen und die Torte mit der restlichen PHILADELPHIA-Creme auch rundherum einstreichen. Den Tortenrand mit Kokoschips verzieren. Die Torte mindestens 1 Stunde kühlen. Vor dem Servieren nach Belieben mit Zitronenscheiben dekorieren.

Pro Stück: ca. 1255 kJ / 300 kcal, E 5 g, F 18 g, KH 29 g

PHILADELPHIA-TORTE BROWNIE-RHABARBER

 **von Diana Patesan, 1020 Wien**

Zubereitung: 45 Min.
Backen: 35 Min.
Kühlen: 3 Std.

Zutaten für 16 Stück:

120 g Butter
120 g Zartbitterschokolade
150 g brauner Zucker
1 TL Vanillezucker
1 Prise Salz
2 Eier
140 g Mehl
2 EL Backkakao
2 Bananen (reif)
150 g Joghurt
350 g PHILADELPHIA Natur
Balance (2 Pkg. à 175 g)
1 EL Limettensaft
6 Blatt Gelatine
80 g Zucker
200 g Schlagobers
500 g Rhabarber
2 EL Speisestärke

54

Zubereitung:

1. Backofen auf 160 °C (Umluft) vorheizen. Butter und Schokolade in einem Topf bei kleiner Hitze schmelzen, etwas abkühlen lassen. Braunen Zucker, Vanillezucker und 1 Prise Salz mit dem elektrischen Handmixer einrühren. Eier zugeben und gut unterrühren. Mehl und Kakao gut vermischen, dazusieben und unterheben. Teig in eine mit Backpapier ausgelegte Springform füllen und im vorgeheizten Ofen 30 bis 35 Minuten backen. Abkühlen lassen.

2. Bananen mit dem Joghurt fein pürieren. PHILADELPHIA, Bananenpüree und Limettensaft mit dem elektrischen Handmixer glatt rühren.

3. Gelatineblätter in 100 ml kaltem Wasser 10 Minuten einweichen. 50 g Zucker hinzufügen und alles unter Rühren erwärmen, bis sich die Gelatine und der Zucker gelöst haben. Zügig unter die PHILADELPHIA-Creme rühren. Schlagobers steif schlagen und unterheben. Creme in die Springform füllen und mindestens 3 Stunden kühlen.

4. Inzwischen Rhabarber putzen und in Stücke schneiden. 250 ml Wasser und 3 EL Zucker aufkochen. Rhabarber zugeben und 2 bis 3 Minuten kochen. Mit der Schaumkelle aus dem Sud nehmen und kalt stellen, Sud aufbewahren.

5. Speisestärke mit 4 EL Wasser glatt rühren und unter Rühren zum Rhabarbersud geben. Zum Kochen bringen und ca. 1 Minute aufkochen, dabei ständig rühren. Anschließend abkühlen lassen, gelegentlich umrühren. Rhabarberstücke in den lauwarmen Sud geben. Auskühlen lassen und vor dem Servieren über den Kuchen verteilen.

Pro Stück: ca. 1243 kJ / 297 kcal, E 6 g, F 17 g, KH 31 g

PHILADELPHIA-TORTE SCHOKO-BEEREN-TRAUM

 **von Cornelia Manzl, 5202 Neumarkt/Wallersee, Salzburg**

Zubereitung: 30 Min.
Kühlen: 3 Std.

Zutaten für 16 Stück:

1 Wiener Boden (am besten
dunkel, Fertigkuchenregal)
525 g PHILADELPHIA MILKA Haselnuss Geschmack (3 Pkg. à 175 g)
3 EL Backkakao
1 Pkg. Vanillezucker
9 Blatt Gelatine
250 g Schlagobers
300 g Beerenmischung (frisch
oder tiefgekühlt, aufgetaut)
50 g Zucker

Zubereitung:

1. Wiener Boden in eine Springform legen. PHILADELPHIA MILKA, Kakao und Vanillezucker mit dem elektrischen Handmixer glatt rühren.

2. 6 Blatt Gelatine in 150 ml kaltem Wasser 10 Minuten einweichen. Anschließend unter Rühren erwärmen, bis sich die Gelatine gelöst hat. Zügig unter die PHILADELPHIA-Creme rühren. Schlagobers steif schlagen und unterheben. Creme in die Springform füllen, glatt streichen und die Torte zunächst 1 Stunde kühlen.

3. Beerenmischung fein pürieren. 3 Blatt Gelatine in kaltem Wasser 10 Minuten einweichen. Ausdrücken und mit dem Zucker im Beerenpüree unter Rühren erwärmen, bis sich die Gelatine und der Zucker gelöst haben. Als Fruchtspiegel auf die PHILADELPHIA-Creme geben und die Torte 2 Stunden kühlen. Vor dem Servieren nach Belieben mit frischen Beeren dekorieren.

Pro Stück: ca. 887 kJ / 212 kcal, E 4 g, F 10 g, KH 25 g

SMOOTHIE-PHILADELPHIA-TORTE

 **von Michaela Brandl, 3031 Pressbaum, Niederösterreich**

Zubereitung: 40 Min.
Kühlen: 3 Std.

Zutaten für 16 Stück:

150 g Biskotten
125 g Butter
525 g PHILADELPHIA Natur
Doppelrahmstufe (3 Pkg. à 175 g)
150 g Joghurt
250 ml Smoothie
(z.B. Mango-Maracuja)
6 Blatt Gelatine
75 g Zucker
400 ml Mangosaft
2 Pkg. Tortengelee

Zubereitung:

1. Biskotten in einen Gefrierbeutel füllen, diesen verschließen und den Inhalt mit einem Nudelholz oder den Händen vollständig zerbröseln. Butter schmelzen, mit den Bröseln vermischen und alles in eine mit Backpapier ausgelegte Springform drücken.

2. PHILADELPHIA, Joghurt und Smoothie mit dem elektrischen Handmixer vermengen.

3. Gelatineblätter in 150 ml kaltem Wasser 10 Minuten einweichen. Zucker hinzufügen und alles unter Rühren erwärmen, bis sich die Gelatine und der Zucker gelöst haben. Zügig unter die PHILADELPHIA-Creme rühren. Creme in die Springform füllen und die Torte zunächst 2 Stunden kühlen.

4. Für den Fruchtspiegel Tortengelee mit dem Kochlöffel nach und nach mit dem Mangosaft glatt rühren. Unter Rühren zum Kochen bringen und unter ständigem Rühren kurz aufkochen. 3 bis 4 Minuten abkühlen lassen, dabei gelegentlich umrühren. Auf der PHILADELPHIA-Creme verteilen und die Torte mindestens 1 Stunde kühlen.

PHILADELPHIA-TORTE HIMBEERE-KOKOS

Zubereitung: 30 Min.
Kühlen: 3 Std.

Zutaten für 16 Stück:

250 g Himbeeren
(frisch oder tiefgekühlt)
150 g Biskotten
125 g Butter
525 g PHILADELPHIA Natur
Doppelrahmstufe (3 Pkg. à 175 g)
300 g Joghurt
4 EL Kokosraspel
6 Blatt Gelatine
75 g Zucker
3 EL Himbeermarmelade

Zubereitung:

1. Tiefgekühlte Himbeeren auftauen und abtropfen lassen, anschließend 150 g Himbeeren pürieren. Biskotten in einen Gefrierbeutel füllen, Beutel verschließen und den Inhalt mit einem Nudelholz oder den Händen vollständig zerbröseln.

2. Butter schmelzen, mit den Bröseln vermischen und in eine mit Backpapier ausgelegte Springform drücken.

3. PHILADELPHIA, Joghurt und 3 EL Kokosraspel mit dem elektrischen Handmixer vermengen.

4. Gelatine in 6 EL kaltem Wasser 5 Minuten quellen lassen. Mit Himbeerpüree und Zucker erwärmen, bis sich die Gelatine gelöst hat. Zügig unter die PHILADELPHIA-Creme rühren.

5. Himbeermarmelade auf den Tortenboden streichen. Creme in die Springform füllen. Torte für mindestens 3 Stunden kühlen und vor dem Servieren mit übrigen Kokosraspeln und Himbeeren dekorieren.

60

Pro Stück: ca. 967 kJ / 231 kcal, E 4 g, F 16 g, KH 17 g

KUCHEN UND GEBACKENE TORTEN

SCHOKOKUCHEN

 **von Lisl Wagner-Bacher**

Zubereitung: 30 Min.
Backen: 40 Min.

Zutaten für 16 Stück:

75 g Biskotten
150 g Haselnüsse (gemahlen)
6 Eier
250 g PHILADELPHIA MILKA Haselnuss Geschmack
1 Prise Salz
100 g Zucker
100 g Zartbitterschokolade
50 g Butter

64

Zubereitung:

1. Backofen auf 150 °C (Umluft) vorheizen. Biskotten fein zerbröseln und mit den Haselnüssen mischen.

2. Eier trennen. Eidotter und PHILADELPHIA MILKA mit dem elektrischen Handmixer schaumig rühren. Eiklar mit einer Prise Salz zu festem Schnee schlagen, Zucker dabei nach und nach einrieseln lassen. Abwechselnd mit der Brösel-Nuss-Mischung unter die PHILADELPHIA-Eidotter-Masse heben.

3. Masse in eine gefettete, bemehlte Springform füllen und ca. 40 Minuten backen. Bei der Stäbchenprobe darf kein flüssiger Teig mehr am Stäbchen haften. Auskühlen lassen.

4. Für die Glasur Schokolade bei kleiner Hitze im Topf schmelzen, Butter einrühren. Kuchen mit noch lauwarmer Schokoglasur glasieren.

PHILADELPHIA-MARILLEN-APFELKUCHEN

 **von Sonja Tesar, 3950 Gmünd, Niederösterreich**

Zubereitung: 45 Min.
Backen: 35 Min.

Zutaten für 16 Stück:

4 Eier
300 g Zucker
1 Pkg. Vanillezucker
100 g Öl
240 g Mehl
1 Pkg. Backpulver
200 g Marillenmarmelade
250 g Biskotten
1 Glas Apfelmus (ca. 350 g)
350 g PHILADELPHIA Natur
Doppelrahmstufe (2 Pkg. à 175 g)
250 g Schlagobers

Zubereitung:

1. Backofen auf 150 °C (Umluft) vorheizen. Eier trennen. Eidotter mit 240 g Zucker, Vanillezucker, Öl und 100 ml Wasser mit dem elektrischen Handmixer cremig aufschlagen. Mehl und Backpulver mischen und unterrühren.

2. Eiklar mit den gut gesäuberten Rührstäben steif schlagen und unter den Teig heben. Teig auf ein gebuttertes und bemehltes Backblech streichen und im vorgeheizten Ofen ca. 35 Minuten backen. Abkühlen lassen.

3. Kuchen mit Marillenmarmelade bestreichen und dicht an dicht mit Biskotten belegen. Das Apfelmus darüber verteilen.

4. PHILADELPHIA mit 60 g Zucker glatt rühren. Obers steif schlagen und unterheben. Auf den Kuchen streichen. Bis zum Servieren kalt stellen. In Stücke schneiden und genießen.

Pro Stück: ca. 1159 kJ / 277 kcal, E 4 g, F 12 g, KH 38 g

NEW YORK CHEESECAKE

 **von Sascha Stöllner, 4020 Linz, Oberösterreich**

Zubereitung: 30 Min.
Backen: 55 Min.
Kühlen: 5 Std. 10 Min.

Zutaten für 16 Stück:

150 g Butterkekse
75 g Butter
700 g PHILADELPHIA Natur
Doppelrahmstufe (4 Pkg. à 175 g)
150 g Zucker
1 EL unbehandelte Zitronenschale
(frisch abgerieben oder 1 Pkg.)
4 Eier
150 g Schlagobers
2 EL Vanille-Puddingpulver
250 g Sauerrahm
30 g Staubzucker

68

Zubereitung:

1. Kekse in einen Gefrierbeutel füllen, diesen verschließen und den Inhalt mit einem Nudelholz oder den
Händen vollständig zerbröseln. Butter schmelzen, mit
den Bröseln vermischen und alles in eine gefettete oder
mit Backpapier ausgelegte Springform drücken. Bis zur
Verwendung im Kühlschrank kühlen.

2. Backofen auf 160 °C (Umluft) vorheizen. PHILADELPHIA,
Zucker und Zitronenabrieb mit dem elektrischen Handmixer vermengen. Eier nacheinander unterrühren.

3. Schlagobers mit Puddingpulver steif schlagen und
unter die PHILADELPHIA-Masse heben. Creme in die
Form geben und glatt streichen. Im unteren Ofendrittel
45 Minuten backen. Aus dem Ofen nehmen und
10 Minuten abkühlen lassen, der Ofen wird mit gleicher
Temperatur noch benötigt.

4. Sauerrahm und Staubzucker glatt rühren und vorsichtig auf dem warmen Kuchen verteilen. Den Kuchen
erneut in den Ofen stellen und weitere 10 Minuten
backen. Cheesecake im abgeschalteten, geöffneten Ofen
ca. 1 Stunde auskühlen lassen. Anschließend 4 Stunden
im Kühlschrank kühlen.

PHILADELPHIA-APFELKUCHEN

Zubereitung: 20 Min.
Backen: 50 Min.

Zutaten für 16 Stück:

3 Äpfel (ca. 600 g)
2 Eier
150 g Staubzucker
125 g Butter (leicht geschmolzen)
175 g PHILADELPHIA Natur
Doppelrahmstufe (1 Pkg.)
75 ml Apfelsaft
150 g Mehl
2 TL Backpulver

Zubereitung:

1. Äpfel schälen, achteln und in Stücke schneiden. Backofen auf 160 °C (Umluft) vorheizen.

2. Eier und Staubzucker mit dem elektrischen Handmixer cremig schlagen. Geschmolzene Butter, PHILADELPHIA und Apfelsaft sorgfältig unterschlagen. Mehl und Backpulver gut vermischen und unter die Masse rühren.

3. Teig in eine mit Backpapier ausgelegte Springform füllen. Apfelstücke darauf verteilen. Apfelkuchen im vorgeheizten Ofen ca. 50 Minuten backen, mit einem Holzstäbchen testen, ob der Kuchen fertig gebacken ist. Abkühlen lassen und genießen.

Pro Stück: ca. 775 kJ / 185 kcal, E 3 g, F 10 g, KH 21 g

GUGELHUPF

 **von Lisl Wagner-Bacher**

Zubereitung: 25 Min.
Backen: 1 Std. 10 Min.

Zutaten für 16 Stück:

175 g Butter (zimmerwarm)
300 g Zucker
4 Eier
175 g PHILADELPHIA Natur
Doppelrahmstufe (1 Pkg.)
350 g Mehl
1 Pkg. Backpulver
100 ml Milch
1 EL Backkakao

Zubereitung:

1. Backofen auf 160 °C (Umluft) vorheizen. Gugelhupfform einfetten und mit Mehl bestäuben. Butter und 175 g Zucker mit dem elektrischen Handmixer gut verrühren. Eier trennen, Eidotter nacheinander zugeben und unterschlagen. PHILADELPHIA hinzufügen und unterrühren.

2. Eiklar (mit gesäuberten Rührstäben) steif schlagen, 125 g Zucker dabei einrieseln lassen. Ein Drittel vom Eischnee unter die PHILADELPHIA-Masse rühren. Mehl und Backpulver gut vermischen. Im Wechsel mit der Milch zum Teig geben und kurz unterrühren. Restlichen Eischnee unterheben.

3. Die Hälfte des Teiges in die Form geben. Unter den Rest den Kakao rühren. Auf den hellen Teig füllen und beide Teigschichten mit einem Löffel marmorieren. Im vorgeheizten Ofen ca. 60 bis 70 Minuten backen. 10 Minuten abkühlen lassen und aus der Form lösen. Nach Belieben mit Staubzucker bestäuben und auskühlen lassen.

PHILADELPHIA-KAROTTEN-STRICKTORTE

 **von Brigitte und Luisa Farthofer, 2340 Mödling, Niederösterreich**

Zubereitung: 1 Std. 10 Min.
Backen: 50 Min.
Kühlen: 2 Std. 30 Min.

Zutaten für 16 Stück:

50 ml Rapsöl
70 g Sauerrahm
3 Eier
200 g Zucker
1 TL Vanillezucker
140 g Mehl
1 Msp. Zimt
1 TL Backpulver
1 Prise Salz
170 g Karotten (fein geraspelt)
50 g Mandeln (gemahlen)
350 g PHILADELPHIA Natur
Doppelrahmstufe (2 Pkg. à 175 g)
150 g Joghurt
50 g Staubzucker
1–2 Orangen
4 Blatt Gelatine
150 g Marzipanrohmasse
2 Tuben Back- und Speisefarbe
(z.B. rot und grün)
2 weiße Schokoladensticks

74

Zubereitung:

1. Backofen auf 160 °C (Umluft) vorheizen. Öl, Sauerrahm, Eier, Zucker und Vanillezucker mit dem elektrischen Handmixer mindestens 5 Minuten auf höchster Stufe cremig aufschlagen.

2. Mehl, Zimt, Backpulver und 1 Prise Salz gut vermischen. Auf niedrigster Stufe unter die Eiermischung rühren. Die geraspelten Karotten gut ausdrücken und mit den Mandeln unter den Teig rühren. Teig in eine gefettete oder mit Backpapier ausgelegte Springform füllen und im vorgeheizten Ofen 45 bis 50 Minuten backen. Auskühlen lassen.

3. PHILADELPHIA, Joghurt und Staubzucker mit dem elektrischen Handmixer vermengen. 100 ml Orangensaft auspressen. Gelatineblätter 10 Minuten im Saft einweichen. Anschließend unter Rühren erwärmen, bis sich die Gelatine gelöst hat. Zügig unter die PHILADELPHIA-Creme rühren.

4. Ausgekühlten Tortenboden halbieren. Unteren Boden mit der Hälfte der PHILADELPHIA-Creme bestreichen. Zweiten Boden auflegen und obenauf und rundherum mit der restlichen Creme bestreichen. 2 Stunden kühlen.

5. Inzwischen 100 g Marzipan für die Wolle und 50 g Marzipan für die Knöpfe mit Lebensmittelfarbe einfärben. Knöpfe formen und mit den charakteristischen Löchern versehen. Für die Wolle Marzipan zur langen Schnur ausrollen und zum Knäuel aufwickeln. Torte mit Knöpfen, Wolle und Schokoladensticks als Stricknadeln dekorieren.

Pro Stück: ca. 1167 kJ / 279 kcal, E 6 g, F 15 g, KH 30 g

SCHOKO-BANANEN-CHEESECAKE

 **von Tanja Cehic, 6850 Dornbirn, Vorarlberg**

Zubereitung: 30 Min.
Backen: 1 Std.
Kühlen: 4 Std.

Zutaten für 16 Stück:

200 g Schokokekse
60 g Butter
190 g Zucker
2 Bananen (reif)
150 g Sauerrahm
700 g PHILADELPHIA Natur
Doppelrahmstufe (4 Pkg. à 175 g)
2 Pkg. Vanillezucker
4 Eier
1 Pkg. Bananen-Puddingpulver
(oder Vanille)
6 EL Milch

Zubereitung:

1. Kekse in einen Gefrierbeutel füllen, diesen verschliessen und den Inhalt mit einem Nudelholz oder den Händen vollständig zerbröseln. Butter schmelzen, mit den Bröseln und 20 g Zucker vermischen und alles in eine mit Backpapier ausgelegte Springform drücken.

2. Backofen auf 160 °C (Umluft) vorheizen. Bananen mit dem Sauerrahm fein pürieren.

3. PHILADELPHIA, 170 g Zucker, Vanillezucker und Bananenpüree mit dem elektrischen Handmixer vermengen. Eier nacheinander unterrühren. Puddingpulver mit Milch glatt rühren und unterrühren.

4. Creme in die Form geben und glatt streichen. Im unteren Ofendrittel ca. 60 Minuten backen. Cheesecake im abgeschalteten, geöffneten Ofen ca. 1 Stunde auskühlen lassen. Anschließend 3 Stunden, am besten über Nacht im Kühlschrank kühlen. Vor dem Servieren nach Belieben mit Schokosauce dekorieren.

Pro Stück: ca. 1276 kJ / 305 kcal, E 5 g, F 19 g, KH 29 g

PISTAZIEN-HIRSE-KUCHEN

von Wolfgang Purucker, 1230 Wien

Zubereitung: 45 Min.
Backen: 40 Min.

Zutaten für 16 Stück:

150 g Hirse
250 ml Milch
3 EL Zucker (gehäuft)
70 g Pistazien (ungesalzen)
4 Eier
350 g PHILADELPHIA Natur
Doppelrahmstufe (2 Pkg. à 175 g)
1 TL Zimt (nach Belieben)
1 EL Staubzucker

Zubereitung:

1. Die Hirse waschen und mit einem Liter Wasser aufkochen. 2 bis 3 Minuten schaumig kochen lassen, dann Wasser und Schaum abschütten. So viel Milch zugeben, dass die Milch die Hirse bedeckt. 1 EL Zucker unterrühren. Auf kleiner Flamme köcheln lassen, bis die Milch von der Hirse aufgenommen wurde, dabei immer wieder umrühren. Den Topf beiseitestellen und die Hirse bis zur Verwendung quellen lassen, gelegentlich umrühren.

2. Backofen auf 150 °C (Umluft) vorheizen. Pistazien hacken. Eier und 2 EL Zucker mit dem elektrischen Handmixer zu einer hellen Masse aufschlagen. PHILADELPHIA zugeben und unterschlagen. 40 g Pistazien und die Hirse unterrühren. Die Masse nach Belieben mit etwas Zimt verfeinern.

3. Masse in eine gefettete oder mit Backpapier ausgelegte Springform geben und im vorgeheizten Ofen ca. 40 Minuten backen. Anschließend in der Form rasten lassen. Sobald der Kuchen handwarm ist, mit Staubzucker bestreuen und die restlichen Pistazien darüberstreuen.

Pro Stück: ca. 665 kJ / 159 kcal, E 5 g, F 10 g, KH 13 g

SCHOKO-ORANGEN-BROWNIES

von Lisa Schwarzenbacher, 4550 Kremsmünster, Oberösterreich

Zubereitung: 25 Min.
Backen: 1 Std.

Zutaten für 15 Stück:

1 Orange
3 Eier
1 Prise Salz
120 g Butter (weich)
700 g PHILADELPHIA MILKA Haselnuss Geschmack (4 Pkg. à 175 g)
50 g Mehl

Zubereitung:

1. Backofen auf 160 °C (Umluft) vorheizen. Eine Brownieform (ca. 19 x 32 cm) einfetten oder mit Backpapier auslegen. Alternativ einen Backrahmen in dieser Größe auf ein mit Backpapier belegtes Backblech stellen. Von der Orange die Schale fein abreiben.

2. Eier trennen, das Eiklar mit 1 Prise Salz steif schlagen. Eidotter und Butter mit dem elektrischen Handmixer cremig aufschlagen. PHILADELPHIA MILKA, Mehl und Orangenabrieb unterrühren. Den Eischnee portionsweise unterheben. Teig in die Form geben und im vorgeheizten Ofen ca. 1 Stunde backen.

3. Nach dem Abkühlen mit Orangenscheiben und nach Belieben mit etwas geraspelter Schokolade oder Staubzucker verzieren. Für die Orangenscheiben die Orangenschale an den Seiten so dick abschneiden, dass auch die weiße Haut entfernt wird. Anschließend die Orangen in dünne Scheiben schneiden.

Mein Tipp:
Statt Brownies kann man auch einen Kuchen in der Springform backen.

Pro Stück: ca. 983 kJ / 235 kcal, E 5 g, F 14 g, KH 22 g

GEBACKENER TIRAMISU-CHEESECAKE

von Tam Le-Steiger, 8720 Knittelfeld, Steiermark

Zubereitung: 20 Min.
Backen: 45 Min.
Kühlen: 5 Std.

Zutaten für 16 Stück:

250 g Biskotten
100 g Butter
7 EL Kaffeelikör
875 g PHILADELPHIA Natur
Doppelrahmstufe (5 Pkg. à 175 g)
160 g Staubzucker
2 Eier
4 EL Mehl

Zubereitung:

1. Backofen auf 160 °C (Umluft) vorheizen. Biskotten in einen Gefrierbeutel füllen, diesen verschließen und den Inhalt mit einem Nudelholz oder den Händen vollständig zerbröseln. Butter schmelzen, mit den Bröseln und 3 EL Kaffeelikör vermischen und alles in eine gefettete oder mit Backpapier ausgelegte Springform drücken.

2. PHILADELPHIA und Staubzucker auf niedrigster Stufe mit dem elektrischen Handmixer vermengen. Eier nacheinander unterrühren. 4 EL Kaffeelikör und Mehl kurz unterrühren.

3. Masse in die Form füllen und im vorgeheizten Ofen ca. 45 Minuten backen. Kuchen kurz abkühlen lassen, aus der Form lösen und anschließend mindestens 5 Stunden kühlen. Vor dem Servieren nach Belieben mit Backkakao bestäuben.

Mein Tipp:
In einer Silikonform kann der Kuchen in einem entsprechend tiefen und zu ca. 1/3 mit Wasser gefüllten Backblech auch im Wasserbad gebacken werden.

Pro Stück: ca. 1293 kJ / 309 kcal, E 5 g, F 19 g, KH 28 g

PHILADELPHIA-BEERENSTANITZEL

 **von Caroline Krejci, 1220 Wien**

Zubereitung: 30 Min.
Backen: 45 Min.
Kühlen: 6 Std.

Zutaten für 16 Stück:

150 g Vollkornkekse
100 g Butter
700 g PHILADELPHIA Natur
Doppelrahmstufe (4 Pkg. à 175 g)
160 g Zucker
1 Pkg. Vanillezucker
2 EL Mehl
1 Prise Salz
3 Eier
200 g Schlagobers
3 TL Zitronensaft
250 g Sauerrahm
500 g Beeren (z.B. Himbeeren
oder Heidelbeeren)
125 ml Himbeersauce (Eisregal)

Zubereitung:

1. Backofen auf 160 °C (Umluft) vorheizen. Kekse in einen Gefrierbeutel füllen, diesen verschließen und den Inhalt mit einem Nudelholz oder den Händen vollständig zerbröseln. Butter schmelzen, mit den Bröseln vermischen und alles in eine gefettete oder mit Backpapier ausgelegte Springform drücken. Boden im vorgeheizten Ofen ca. 10 Minuten backen. Etwas abkühlen lassen.

2. Inzwischen Ofentemperatur auf 200 °C (Umluft) erhöhen. PHILADELPHIA, 150 g Zucker, Vanillezucker, Mehl und 1 Prise Salz mit dem elektrischen Handmixer auf niedriger Stufe vermengen. Eier nacheinander kurz unterrühren. Obers und 1 TL Zitronensaft unterrühren.

3. Masse in die Form füllen, glatt streichen und 10 Minuten backen. Temperatur danach auf 90 °C (Umluft) reduzieren und den Kuchen weitere 25 Minuten backen. Ofen ausschalten und den Cheesecake 1 Stunde im Ofen bei leicht geöffneter Ofentür abkühlen lassen.

4. Sauerrahm, 1 EL Zucker und 2 TL Zitronensaft verrühren und auf dem Kuchen verteilen. Cheesecake 5 Stunden kühlen. Vor dem Servieren in Stücke schneiden und mit Beeren und Himbeersauce als Stanitzel anrichten.

WEISSER SCHOKOLADEN-PHILADELPHIA-KUCHEN

Zubereitung: 20 Min.
Backen: 35 Min.

Zutaten für 16 Portionen:

175 g Butter
330 g brauner Zucker
3 Eier
1 TL Vanillearoma
200 g Mehl
1 TL Backpulver
100 g weiße Schokolade
(geraspelt)
120 g PHILADELPHIA Natur
Balance

Zubereitung:

1. Backofen auf 180 °C (Umluft) vorheizen. Weiche Butter und 300 g braunen Zucker mit dem elektrischen Handmixer aufschlagen. Zuerst Eier und Vanillearoma zufügen, anschließend Mehl und Backpulver untermischen.

2. Schokoladenraspel einrühren. Mischung in eine gefettete, mit Backpapier ausgelegte Form (ca. 20 x 30 cm) geben.

3. PHILADELPHIA und übrigen Zucker glatt rühren. PHILADELPHIA-Mischung über den Schokoladenteig geben und beide Schichten mit einem Gabelstiel leicht marmorieren. 30 bis 35 Minuten im Ofen backen, anschließend gut abkühlen lassen.

Pro Stück: ca.1281 kJ / 306 kcal, E 4 g, F 15 g, KH 38 g

PHILADELPHIA-SCHOKOWONNE

 **von Anna Grushkevich, 1030 Wien**

Zubereitung: 35 Min.
Backen: 30 Min.
Kühlen: 45 Min.

Zutaten für 16 Stück:

2 Eier
100 g Zucker
100 g Butter
300 g Zartbitterschokolade
100 g Mehl
50 ml Milch
350 g PHILADELPHIA MILKA Haselnuss Geschmack (2 Pkg. à 175 g)
200 g Erdbeeren

Zubereitung:

1. Backofen auf 180 °C (Umluft) vorheizen. Eier und Zucker mit dem elektrischen Handmixer dick-cremig aufschlagen. Butter und 200 g Schokolade schmelzen und unterschlagen.

2. Mehl und Milch zugeben und unterrühren. Teig in eine gefettete oder mit Backpapier ausgelegte Springform geben und im vorgeheizten Ofen ca. 30 Minuten backen.
15 Minuten abkühlen lassen, dann weitere 30 Minuten im Kühlschrank kalt stellen.

3. 100 g Schokolade im Topf bei kleiner Hitze oder in der Mikrowelle bei geringer Leistung schmelzen. Mit PHILADELPHIA MILKA glatt rühren. Bis zur Verwendung kalt stellen.

4. Erdbeeren putzen und in Scheiben schneiden. Mittig auf dem Kuchen verteilen. Die PHILADELPHIA-Creme darübergeben und die Schokowonne genießen.

Mein Tipp:
Wird die Torte im Anschluss gekühlt, wird die Schokocreme obenauf noch etwas fester.

88

Pro Stück: ca. 1155 kJ / 276 kcal, E 4 g, F 16 g, KH 29 g

PIKANTES PHILADELPHIA-SCHMANKERL

 **von Iris Schüller, 2351 Wr. Neudorf, Niederösterreich**

Zubereitung: 15 Min.
Backen: 20 Min.

Zutaten für 12 Portionen:

1 Bund Petersilie
1 Tomate (ca. 100 g)
125 g Mozzarella
3 Eier
170 ml Milch
50 ml Sonnenblumenöl
1 TL Salz
50 g Parmesan (fein gerieben)
150 g Mehl
2 TL Backpulver
350 g PHILADELPHIA Kräuter
Balance (2 Pkg. à 175 g)

Zubereitung:

1. Backofen auf 160 °C (Umluft) vorheizen. Von der Petersilie die Blätter abzupfen und fein hacken. Tomate vierteln, entkernen und in Würfel schneiden. Mozzarella ebenfalls fein würfeln.

2. Eier, 150 ml Milch, Sonnenblumenöl und Salz mit dem elektrischen Handmixer kurz vermengen. Parmesan und Petersilie einrühren. Mehl und Backpulver gut vermischen und unterrühren. Tomaten und Mozzarella untermischen. Masse auf ein mit Backpapier belegtes Backblech geben und ca. 20 Minuten im vorgeheizten Ofen backen. Etwas abkühlen lassen und in Schnitten schneiden.

3. Inzwischen PHILADELPHIA mit 1 bis 2 EL Milch glatt rühren. Je 2 Schnitten mit PHILADELPHIA-Creme füllen oder einzeln mit etwas Creme garnieren und das pikante Schmankerl genießen.

SCHOKO-CHEESECAKE

 **von Bettina Böhm, 1150 Wien**

Zubereitung: 30 Min.
Backen: 1 Std. 10 Min.
Kühlen: 1 Std.

Zutaten für 16 Stück:

100 g Butter
120 g Zartbitterschokolade
5 Eier
50 ml Milch
120 g Mehl
525 g PHILADELPHIA Natur
Doppelrahmstufe (3 Pkg. à 175 g)
100 g Joghurt
250 g Zucker
1 Pkg. Vanillezucker

Zubereitung:

1. Backofen auf 160 °C (Umluft) vorheizen. Butter und Schokolade schmelzen. 2 Eier mit dem elektrischen Handmixer zu einer hellen Masse aufschlagen, Butter-Schokoladen-Mischung unterschlagen. Milch und Mehl dazugeben und unterrühren. Teig in eine gefettete oder mit Backpapier ausgelegte Springform füllen und im vorgeheizten Ofen ca. 25 Minuten backen. Etwas abkühlen lassen.

2. Inzwischen PHILADELPHIA, Joghurt, Zucker und Vanillezucker mit dem elektrischen Handmixer vermengen. 3 Eier nacheinander unterrühren.

3. Creme auf den gebackenen Boden in die Form geben und glatt streichen. Im unteren Ofendrittel ca. 45 Minuten backen. Cheesecake im abgeschalteten, geöffneten Ofen ca. 1 Stunde auskühlen lassen. Anschließend nach Belieben im Kühlschrank kühlen.

Pro Stück: ca. 1197 kJ / 286 kcal, E 5 g, F 18 g, KH 27 g

DESSERTS

SÜSSE GRIESSKNÖDEL

 von Lisl Wagner-Bacher

Zubereitung: 25 Min.
Ruhen: 30 Min.

**Zutaten für 4 Portionen
(ca. 20 Knödel):**

1 Ei
175 g PHILADELPHIA Natur
Balance (1 Pkg.)
80 g Semmelbrösel
25 g Grieß
30 g Butter
3 TL Zucker

Zubereitung:

1. Das Ei mit dem elektrischen Handmixer schaumig aufschlagen. Mit PHILADELPHIA, 25 g Semmelbröseln und Grieß verrühren. Die Masse 30 Minuten rasten lassen.

2. In einem größeren Topf reichlich Wasser mit 1 bis 2 Prisen Salz zum Kochen bringen. Hitze reduzieren. Mit leicht angefeuchteten Fingern ca. 20 kleine Knödel formen und im Wasser 10 Minuten leicht köcheln lassen (nicht sprudelnd kochen).

3. Inzwischen Butter in einer Pfanne erhitzen. Restliche 55 g Semmelbrösel und Zucker zugeben und unter ständigem Rühren goldbraun rösten. Auf einen Teller geben und die gegarten Knödel darin wälzen. Dazu schmeckt Marillen- oder Zwetschkenröster.

Mein Tipp:
Die Knödel dürfen beim Garen im Wasser ruhig ein wenig „zipfelig" werden. Ihre runde Form bekommen sie beim späteren Wenden und Nachformen in den Butter-Zucker-Bröseln. Eine Vanilleschote im Kochwasser gibt den Knödeln ein besonders feines Aroma. Formt man die Knödel mit Hilfe eines Eislöffels, bekommen sie eine besonders schöne Form.

Pro Portion: ca. 1059 kJ / 253 kcal, E 8 g, F 13 g, KH 25 g

SÜSSER PHILADELPHIA-STRUDEL

Zubereitung: 25 Min.
Backen: 40 Min.

Zutaten für 8 Portionen:

60 g Butter
2 Eier
250 g PHILADELPHIA Natur
Doppelrahmstufe
100 g Sauerrahm
1 TL unbehandelte Zitronenschale
(fein abgerieben)
1 Pkg. Vanillezucker
75 g Staubzucker
1 EL Grieß (gehäuft)
50 g Rosinen
1 Prise Salz
2 Blatt gezogener Strudelteig
(ca. 36 x 39,5 cm)

Zubereitung:

1. Backofen auf 150 °C (Umluft) vorheizen. 40 g Butter schmelzen. Eier trennen. Eidotter mit dem elektrischen Handmixer zu einer hellen Masse aufschlagen, zerlassene Butter unterschlagen. PHILADELPHIA, Sauerrahm, Zitronenabrieb, Vanillezucker, 30 g Staubzucker und Grieß unterrühren. Rosinen untermischen.

2. Eiklar mit 1 Prise Salz steif schlagen, restliche 45 g Staubzucker dabei einrieseln lassen. Mit dem Schneebesen unter die PHILADELPHIA-Masse heben.

3. Ein befeuchtetes Geschirrtuch ausbreiten und ein trockenes darüberlegen. Ein Strudelteigblatt darauflegen und das zweite um 90° gedreht darauflegen. Füllung auf etwa zwei Drittel aufstreichen, Ränder und oberes Drittel aussparen. Oberes Drittel mit zerlassener Butter bestreichen. Seiten einschlagen und Strudel mit dem Tuch von unten nach oben einrollen. Auf ein mit Backpapier belegtes Backblech legen.

4. Die Oberfläche mit zerlassener Butter bestreichen und mit einer Gabel mehrfach einstechen. Auf der zweiten Schiene von unten ca. 35 bis 40 Minuten backen. 5 Minuten vor Ende der Backzeit Temperatur evtl. auf 180 °C (Umluft) erhöhen, damit der Strudel eine leichte Bräune bekommt. Etwas abkühlen lassen. Dazu schmeckt Vanillesauce.

98

Unser Tipp:
Wer mag, beträufelt die
Rosinen zu Beginn mit
1 bis 2 EL Rum.

DESSERTS

Pro Portion: ca. 1142 kJ / 273 kcal, E 5 g, F 17 g, KH 25 g

SCHMARRN MIT MARILLENRÖSTER

von Lisl Wagner-Bacher

Zubereitung: 30 Min.

Zutaten für 6 Portionen:

4 Eier
300 g PHILADELPHIA Natur
Doppelrahmstufe
4 EL Mehl
1 Prise Salz
4 EL Zucker
2 TL Butter
800 g Marillen
250 ml Marillensaft
1 TL Speisestärke
2 EL Staubzucker

Zubereitung:

1. Backofen auf 160 °C (Umluft) vorheizen. Eier trennen. PHILADELPHIA, Mehl, Salz und Eidotter zu einem glatten Teig verrühren. Eiklar steif schlagen, Zucker dabei einrieseln lassen. Unter den Teig heben.

2. Butter in einer heißen Pfanne mit ofenfestem Griff erhitzen und den Teig ca. 4 cm hoch eingießen. Pfanne in den Backofen stellen und den Schmarrn ca. 20 Minuten backen, bis die Oberfläche leicht gebräunt ist.

3. Inzwischen für den Marillenröster Marillen schälen, entkernen und zerkleinern. Speisestärke in 1 EL kaltem Wasser anrühren. Marillensaft in einem Topf erwärmen und mit Stärke binden. Marillenstücke dazugeben und auf kleiner Flamme ca. 3 Minuten köcheln lassen.

4. Fertigen Schmarrn mit 2 Gabeln zerreißen. Marillenröster mit dem Schmarrn anrichten und mit etwas Staubzucker bestreut servieren.

Mein Tipp:
Die Marillen vor dem Schälen kurz in kochendes Wasser legen und kalt abspülen. So löst sich die Schale leichter vom Fruchtfleisch.

Pro Portion: ca. 1393 kJ / 333 kcal, E 10 g, F 18 g, KH 32 g

MANDEL-CUPCAKES MIT WEISSEM SCHOKOTOPPING

 **von Daniela Zimmerbauer, 1160 Wien**

Zubereitung: 45 Min.
Backen: 25 Min.

Zutaten für 12 Stück:

50 g Mandeln (gemahlen)
100 g Butter (weich)
140 g Zucker
2 Pkg. Vanillezucker
2 Eier
200 g Mehl
1 TL Backpulver
1 Msp. Salz
(am besten feines Meersalz)
150 ml Milch
100 g weiße Schokolade
250 g PHILADELPHIA Natur
Doppelrahmstufe
1–2 Tropfen Bittermandel-Aroma

Zubereitung:

1. Gemahlene Mandeln ohne Fett in einer Pfanne goldbraun rösten, abkühlen lassen. Backofen auf 160 °C (Umluft) vorheizen. Muffinblech mit Papierförmchen auslegen.

2. 50 g weiche Butter, Zucker und Vanillezucker mit dem elektrischen Handmixer gut verrühren. Eier nacheinander unterschlagen.

3. Mehl, Backpulver, geröstete Mandeln und Salz gut vermischen. Abwechselnd mit der Milch unter den Teig rühren. Teig in die Muffinform geben und im vorgeheizten Ofen 20 bis 25 Minuten backen. Auf einem Kuchengitter auskühlen lassen.

4. Für das Topping weiße Schokolade im Topf bei kleiner Hitze oder in der Mikrowelle bei geringer Leistung schmelzen. 50 g weiche Butter und PHILADELPHIA glatt rühren. Weiße Schokolade untermengen. Bittermandel-Aroma unterrühren. Topping auf die Muffins streichen oder mit dem Spritzbeutel aufspritzen.

Mein Tipp:
Ist das Topping zu weich, einfach im Kühlschrank etwas herunterkühlen.

Pro Stück: ca. 1314 kJ / 314 kcal, E 6 g, F 18 g, KH 32 g

MOUSSE MIT FRISCHEN ERDBEEREN UND ORANGENSABAYON

 von Lisl Wagner-Bacher

Zubereitung: 30 Min.
Kühlen: 2 Std. 20 Min.

Zutaten für 6 Portionen:

2 Blatt Gelatine
100 ml Orangensaft
50 g Zucker
250 g PHILADELPHIA Joghurt Balance
125 g Schlagobers
500 g Erdbeeren
3 Eier

Zubereitung:

1. Gelatine in kaltem Wasser 5 Minuten einweichen. Gut ausdrücken und mit 50 ml Orangensaft und Zucker unter Rühren erwärmen, bis sich die Gelatine gelöst hat. Zum PHILADELPHIA geben und cremig aufschlagen, 20 Minuten kalt stellen.

2. Wenn die Mousse zu stocken beginnt, 75 g Schlagobers aufschlagen. Mousse einmal durchrühren und Obers gleichmäßig unterheben. Erdbeeren putzen und halbieren oder vierteln. In Gläser füllen, Mousse darübergeben und 2 Stunden kühlen.

3. Vor dem Servieren für den Schaum die Eier trennen. 50 g Schlagobers, 50 ml Orangensaft und die Eidotter in eine Schüssel geben und über Wasserdampf vorsichtig warm schlagen. Nicht zu heiß werden lassen, sonst bindet der Eidotter zu schnell. So lange schlagen, bis die Masse schön schaumig ist. Schaum auf die PHILADELPHIA-Mousse geben und genießen.

Mein Tipp:

Für das Warmschlagen über Wasserdampf setzen Sie eine passende Schüssel auf einen Topf mit köchelndem Wasser; dabei darf die Schüssel das Wasser nicht berühren. Ist die Schüssel robust genug, können Sie für das Aufschlagen auch den elektrischen Handmixer nutzen. Und Vorsicht: Wasserdampf ist sehr heiß!

Pro Portion: ca. 975 kJ / 233 kcal, E 7 g, F 15 g, KH 17 g

PHILADELPHIA-PALATSCHINKEN MIT SCHOKOCREME UND BEERENFRÜCHTEN

Zubereitung: 20 Min.

Zutaten für 4 Portionen:

125 g Mehl
3 EL Zucker
1 Prise Salz
175 g PHILADELPHIA Natur
Balance (1 Pkg.)
2 Eier
100 ml Mineralwasser
mit Kohlensäure
2 TL Öl
175 g PHILADELPHIA MILKA Haselnuss Geschmack (1 Pkg.)
2 EL Milch
250 g Beeren (z.B. Erdbeeren,
Himbeeren, Heidelbeeren)

Zubereitung:

1. Mehl, 1 EL Zucker und 1 Prise Salz vermischen. PHILADELPHIA Balance, Eier und Mineralwasser hinzugeben und mit dem elektrischen Handmixer zu einem glatten Teig verrühren.

2. Backofen auf 50 °C (Ober- und Unterhitze) vorheizen. Eine Pfanne mit Öl einfetten und erhitzen. Aus dem Teig 4 Palatschinken backen, schon fertige Palatschinken im Ofen warm halten.

3. PHILADELPHIA MILKA und Milch glatt rühren. Beeren putzen und mit 2 EL Zucker mischen. Palatschinken mit Schokocreme und Beerenfrüchten anrichten.

Pro Portion: ca. 1766 kJ / 422 kcal, E 13 g, F 17 g, KH 54 g

PHILADELPHIA-ERDBEER-MUFFINS

 **von Anita Wurzer, 3250 Wieselburg, Niederösterreich**

Zubereitung: 15 Min.
Backen: 35 Min.

Zutaten für 12 Stück:

100 g Erdbeeren
2 Eier
100 g Zucker
175 g PHILADELPHIA Natur
Doppelrahmstufe (1 Pkg.)
3 EL Öl
2 EL Milch
150 g Mehl
2 TL Backpulver

Zubereitung:

1. Backofen auf 160 °C (Umluft) vorheizen. Muffinblech mit Papierförmchen auslegen. Erdbeeren putzen und in Würfel schneiden.

2. Eier und Zucker mit dem elektrischen Handmixer zu einer hellen, cremigen Masse aufschlagen. PHILADELPHIA, Öl und Milch unterschlagen. Mehl und Backpulver vermischen und unterrühren.

3. Erdbeeren untermischen und den Teig in die Muffinförmchen füllen. Im vorgeheizten Ofen 30 bis 35 Minuten goldbraun backen.

108

Pro Stück: ca. 632 kJ / 151 kcal, E 3 g, F 7 g, KH 19 g

KOKOS-MOHN-TRIFLE

von Ulrike Maier, 3011 Tullnerbach, Niederösterreich

Zubereitung: 35 Min.
Backen: 20 Min.

Zutaten für 8 Portionen:

3 Eier
175 g Zucker
60 g Mohn (gemahlen)
80 g Kokosraspel
30 g Mehl
1 TL Backpulver
350 g PHILADELPHIA Joghurt Balance (2 Pkg. à 175 g)
1–2 TL Limettensaft
125 g Schlagobers
250 g Erdbeeren

Zubereitung:

1. Backofen auf 150 °C (Umluft) vorheizen. Eier und 125 g Zucker einige Minuten mit dem elektrischen Handmixer auf höchster Stufe hell-cremig aufschlagen. Mohn, 40 g Kokosraspel, Mehl und Backpulver vermischen und unter die Eiermasse rühren. Auf ein gefettetes und bemehltes oder mit Backpapier belegtes Blech verstreichen und im vorgeheizten Ofen 15 bis 20 Minuten backen. Abkühlen lassen und vom Backpapier lösen. Dazu das Biskuit umdrehen und das Papier vorsichtig abziehen, evtl. mit einem Tuch leicht anfeuchten. Mit einem Glas mindestens 16 Kreise ausstechen.

2. PHILADELPHIA, 50 g Zucker und 40 g Kokosraspel mit dem elektrischen Handmixer glatt rühren. Creme mit Limettensaft abschmecken. 125 g Schlagobers steif schlagen und unterheben.

3. Erdbeeren putzen und fein pürieren, nach Belieben mit etwas Zucker süßen. Biskuitkreise und PHILADELPHIA-Creme abwechselnd in 8 Gläser schichten. Mit Erdbeerpüree abschließen. Vor dem Servieren nach Belieben mit einigen frischen Erdbeeren dekorieren.

Mein Tipp:
Das Biskuit aus diesem Rezept wird leicht knusprig. Wer es weicher mag, kann noch 125 g Schlagobers steif schlagen und mit unter den Teig heben.

Pro Portion: ca. 1079 kJ / 258 kcal, E 6 g, F 17 g, KH 19 g

BEERENGRATIN

von Lisl Wagner-Bacher

Zubereitung: 10 Min.
Backen: 5 Min.

Zutaten für 4 Portionen:

2 Eier
175 g PHILADELPHIA Natur
Balance (1 Pkg.)
2 EL Staubzucker (gehäuft)
400 g Beeren (z.B. Himbeeren,
Heidelbeeren, Erdbeeren; frisch
oder tiefgekühlt, angetaut)

Zubereitung:

1. Backofen auf 175 °C (Oberhitze) vorheizen.
   Eier trennen, PHILADELPHIA mit Eidotter cremig
   aufschlagen.

2. Eiklar zu einem festen Schnee schlagen, Staubzucker
   dabei einrieseln lassen. Unter die PHILADELPHIA-
   Masse heben.

3. Beeren und Gratin-Masse in feuerfeste Teller oder
   Formen geben. Im oberen Ofendrittel ca. 5 Minuten
   backen, bis die Masse zu bräunen beginnt.

112

Mein Tipp:
In einem Umluftherd backen
Sie das Beerengratin im oberen
Ofendrittel zunächst 5 Minuten
bei vorgeheizten 150 °C und
anschließend ca. 1 Minute bei
hochgeschalteter Grill- bzw.
Maximaltemperatur.

Pro Portion: ca. 870 kJ / 208 kcal, E 8 g, F 9 g, KH 24 g

ZUR PERSON:
Lisl Wagner-Bacher

Lisl Wagner-Bacher gilt als Grande Dame der österreichischen Küche. Seit sie das Landhaus Bacher 1979 übernahm, beeindruckt die Spitzenköchin mit ihren Kreationen nicht nur Kenner und Genießer, sondern auch die Fachwelt, was sich in zahlreichen Auszeichnungen niederschlägt. Bereits seit über 30 Jahren ist Lisl Wagner-Bacher im Guide Gault Millau vertreten. 1983 wurde sie zum ersten „Österreichischen Koch des Jahres" gekürt und eroberte fünf Jahre später die dritte Gault-Millau-Haube, die sie seit 1995 hält. Auch andere Restaurantguides würdigen die ausdrucksstarke und zugleich harmonisch feinfühlige Küche, die bei aller Kreativität immer das lustvolle Genießen in den Mittelpunkt stellt: Im Michelin-Führer Österreich der Jahre 2005 bis 2009 wurde das Landhaus mit zwei Sternen ausgezeichnet und auch der Falstaff vergab 2013 wieder 99 von 100 möglichen Punkten.

Somit ist das Landhaus Bacher zum zweiten Mal bestes Restaurant Österreichs.

Im Schlemmeratlas kann sich Lisl Wagner-Bacher über 5 Kochlöffel freuen. Die Grande Dame versteht, wie man aus erlesensten Zutaten eine unverwechselbare, mit regionalen und mediterranen Akzenten versehene Küche kreiert. Man schmeckt die Region, ohne dass sich Lisl Wagner-Bacher internationalen Spitzenprodukten verschließen würde.

Das Landhaus Bacher hat sich über die Jahre mit und durch Lisl Wagner-Bacher zu einem weit über die Grenzen der Wachau hinaus bekannten Haubenlokal entwickelt. Die Gäste werden mit zeitgemäßer kreativer Küche, saisonalen Produkten und feinster Qualität verwöhnt. Die Spitzenköchin steht aber nicht nur mit Freude und Begeisterung am Herd, sondern schöpft auch viel Kraft und Inspiration aus der Kulturlandschaft Wachau. Neben der hervorragenden Küche hat sich das Landhaus Bacher auch bei Weinliebhabern einen Namen gemacht. Wer in die Wachau reist und sich von der hochklassigen Küche verwöhnen lassen möchte, kann in einem der stilvoll eingerichteten Landhauszimmer übernachten. Für genussvolle längere Aufenthalte empfehlen sich verschiedene Arrangements und die beliebten Kochkurse.

117

Tipp:
Wer mag, backt sich seine eigenen Tortenböden, zum Beispiel nach diesem Rezept: Backofen auf 180 °C (Umluft) vorheizen. 5 Eier trennen. Eiklar mit 1 Prise Salz steif schlagen, 100 g Zucker (am besten Backzucker) dabei langsam einrieseln lassen. Unter den steifen Eischnee sofort die Eidotter ca. 30 Sekunden unterschlagen. 60 g Dinkel-Vollkornmehl, 120 g gemahlene Mandeln und 2 TL Backpulver gut vermischen. Über die Eimasse sieben und zusammen mit der abgeriebenen Schale einer Orange mit dem Schneebesen kurz und behutsam unterheben. Teig in eine mit Backpapier ausgelegte Springform füllen, glatt streichen und sofort im vorgeheizten Ofen ca. 30 Minuten goldbraun backen. Auf einem Kuchengitter auskühlen lassen. Zweimal waagerecht durchschneiden, sodass 3 gleich dicke Böden entstehen.

GLOSSAR

Apfelmus	Apfelbrei
Biskotten	Löffelbiskuit
Eidotter	Eigelb
Eiklar	Eiweiß
Heidelbeere	Blaubeere
Marille	Aprikose
Marmelade	Konfitüre
Obers	Sahne
Sauerrahm	Saure Sahne
Schlagobers	Schlagsahne
Semmelbrösel	Paniermehl
Stanitzel	Tüte
Staubzucker	Puderzucker
Weichseln	Sauerkirschen, Schattenmorellen

120 Seiten
farbig
Hardcover
ISBN 978-3-7088-0549-8

EUR 14,99

kneippverlag.styriabooks.at

REZEPTE ZUM VERLIEBEN

Frische Kochideen von Lisl Wagner-Bacher
und Österreichs Hobbyköchinnen

PHILADELPHIA, Österreichs beliebteste Frischkäsezubereitung, präsentiert
in diesem opulent bebilderten Kochbuch herrlich frische Rezeptideen der
österreichischen Haubenköchin Lisl Wagner-Bacher und vieler kreativer
Hobbyköchinnen. Mit PHILADELPHIA interpretieren Sie klassische Hausmanns-
kost neu und zeitgemäß und verleihen etwa Suppen, Füllungen und Desserts
eine unvergleichliche Cremigkeit.